낭독하는 명작동화

Level 3-6

Sleeping Beauty

◆ 잠자는 숲속의 공주 ◆

새벽달(남수진) • 이현석 지음

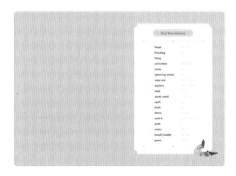

Key Vocabulary

명작동화를 읽기 전에 스토리의 **핵심 단어**를
확인해 보세요. 내가 알고 있는 단어라면 체크
표시하고, 모르는 단어는 이야기를 읽은 후에 체크
표시해 보세요.

Story

Level 3의 영어 텍스트 수준은 책의 난이도를
측정하는 레벨 지수인 **AR(Accelerated
Reader) 지수 2.5~3.3 사이**로 **미국 초등
학생 2~3학년 수준**으로 맞추고, 분량을 **1100
단어 내외**로 구성했습니다.

쉬운 단어와 간결한 문장으로 구성된 스토리를
그림과 함께 읽어 보세요 페이지마다 내용 이해를
돕는 그림이 있어 상상력을 풍부하게 해 주며,
이야기를 더욱 재미있게 읽을 수 있습니다.

Reading Training

이현석 선생님의 **강세와 청킹 가이드**에 맞춰
명작동화를 낭독해 보세요.

한국어 번역으로 내용을 확인하고 **우리말 낭독**을
하는 것도 좋습니다.

This Book

Storytelling

명작동화의 내용을 떠올릴 수 있는 **8개의 그림**이 준비되어 있습니다. 각 그림당 제시된 **3개의 단어**를 활용하여 이야기를 만들고 말해 보세요. 상상력과 창의력을 기르는 데 큰 도움이 될 것입니다.

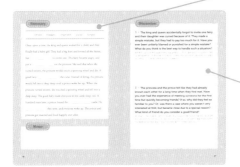

Summary

명작동화의 **줄거리 요약문**이 제시되어 있습니다. 빈칸에 들어갈 단어를 채워 보며 이야기의 내용을 다시 정리해 보세요.

Discussion

명작동화의 내용을 실생활에 응용하거나 비판적으로 생각해 볼 수 있는 **토론 질문**으로 구성했습니다. 영어 또는 우리말로 토론하며 책의 내용을 재구성해 보세요.

픽처 텔링 카드

특별부록으로 **16장의 이야기 그림 카드**가 맨 뒷장에 있어 한 장씩 뜯어서 활용이 가능합니다. 순서에 맞게 그림을 배열하고 이야기 말하기를 해 보세요.

QR코드 영상을 통해 새벽달님과 이현석 선생님이 이 책을 활용하는 가장 좋은 방법을 직접 설명해 드립니다!

Contents

Sleeping Beauty

✦ ❙• 잠자는 숲속의 공주 •❙ ✦

Key Vocabulary

- [ ] **feast**   연회, 잔치
- [ ] **blessing**   축복
- [ ] **fairy**   요정
- [ ] **uninvited**   초대받지 않은
- [ ] **curse**   저주
- [ ] **spinning wheel**   물레
- [ ] **wipe out**   없애다, 지우다
- [ ] **explore**   둘러보다, 탐험하다
- [ ] **stab**   찌르다
- [ ] **cast(-cast)**   (마법을) 걸다
- [ ] **spell**   주문
- [ ] **bush**   덤불
- [ ] **thorn**   가시덩굴
- [ ] **sword**   (무기로 쓰이는) 검
- [ ] **path**   길
- [ ] **snore**   코를 골다
- [ ] **kneel(-knelt)**   무릎을 꿇다
- [ ] **yawn**   하품하다

Once upon a time, there was a kingdom far away.

The king and queen wanted a child.

They wished for a child for many years.

Finally, their wish came true.

They had a beautiful baby girl.

They were so happy.

The king and queen decided to have a big feast.

They wanted the blessings of the fairies.

So they invited all the fairies in the kingdom.

But they forgot to invite one fairy.

Everyone smiled and laughed at the feast.

All the fairies came near the baby princess.

They gave their gifts to her.

"You will be smart," said the first fairy.

"You will be beautiful," said the second fairy.

"You will dance well," said the third fairy.

"Your voice will be sweet," said the fourth fairy.

"Your heart will be full of love," said the fifth fairy.

"You will always be happy," said the sixth fairy.

"You will be brave and strong," said the seventh fairy.

The king and queen were thankful for the blessings.
Everyone had delicious food, and they were happy.

But then, the uninvited fairy came.
She was very angry, so she put a curse on the baby.
"When she turns sixteen, she will touch a spinning wheel.
And she will die," said the fairy.
Then the fairy flew out of the room.

Everyone was shocked and scared.

"I cannot let my daughter die.

Please wipe out this curse," said the king.

One of the seven fairies came near the baby.

The good fairy said to the king,

"Do not worry. I can change the curse a little bit.

The princess will not die. She will only sleep forever.

She can only wake up when a prince wakes her up."

The king and queen were hopeful.
They wanted to protect their daughter.
The king said, "I do not want my daughter to sleep forever!
Guards, check every home in the country!
Find every spinning wheel and bring them here!"

The guards brought all the spinning wheels to the castle.
They burned all of them except one.
It belonged to a woman in an old tower.
Nobody knew about that tower or the spinning wheel.

Years went by, and the princess grew up.

She turned sixteen.

The fairies' blessings came true.

The princess was beautiful, smart, and loving.

Everyone in the kingdom loved her.

One day, the princess explored the castle.
And she saw an old tower.
'What is that place?' the princess was curious.
She went inside the tower and found a room.
She opened the door and saw an old woman.

The old woman was sitting beside a spinning wheel.
The princess had never seen a spinning wheel before.
"What is that?" the princess asked the old woman.
"It is a spinning wheel, dear," said the old woman.
She did not know she was talking to the princess.

"It is beautiful. I want to use it," said the princess.
"Come sit in my chair," said the old woman kindly.
When the princess touched the wheel, it stabbed her.
"Ouch!" she cried out aloud.
"Are you okay, dear?" the old woman asked.

Suddenly, the princess felt very sleepy.
She fell to the ground.
Then she fell into a deep sleep.
The curse came true.

The king heard about this, and he became very sad.

He looked for the good fairy.

The fairy came quickly.

'Everyone shall sleep for a hundred years with the princess.

That way, she will not be lonely when she wakes up.

Her family and friends will be beside her,' the fairy thought.

Then the good fairy cast a spell.

Everyone else in the castle fell asleep at the same time.

Even the dogs and horses fell asleep.

The castle was covered in bushes.

It was hidden from the world.

A prince had to come and break the curse.

A hundred years went by.

No one could see the castle.

Inside, everyone was still sleeping.

They were still under the good fairy's spell.

One day, a young prince was riding a horse with his friends.

He was near the princess's castle.

"I heard there is a beautiful princess nearby.

But she is living in a hidden castle," said his friend.

The prince became curious.

He wanted to see if the story was true.

"I want to find this castle. I will see if she is really there,"

said the prince.

The prince asked people about the castle.

Some said it was just a story.

"Some princes tried to find the castle,"

one man told the prince. "But they all failed."

One day, the prince saw a thick wall.

It was covered with a lot of thorns.

He went closer to the wall and saw a castle behind it.

'I think that is the castle,' the prince thought.

He had to get through the thorns.

The prince was brave.

He took out his sword to cut the thorns.

He thought about the princess.

Then something magical happened.

The thorns started to move.

They made a path for him.

The good fairy was helping him.

She knew he had true love in his heart.

The prince walked through the path.

When he entered the castle, the thorns moved back again.

So the prince's friends could not enter.

'This is strange,' the prince thought.

'But I must find the princess.'

The castle was very quiet.

Everyone was on the ground, and they were snoring.

Some were snoring very loudly.

The prince walked through the halls.

But he could not find the princess.

'Maybe she is not here,' he thought.

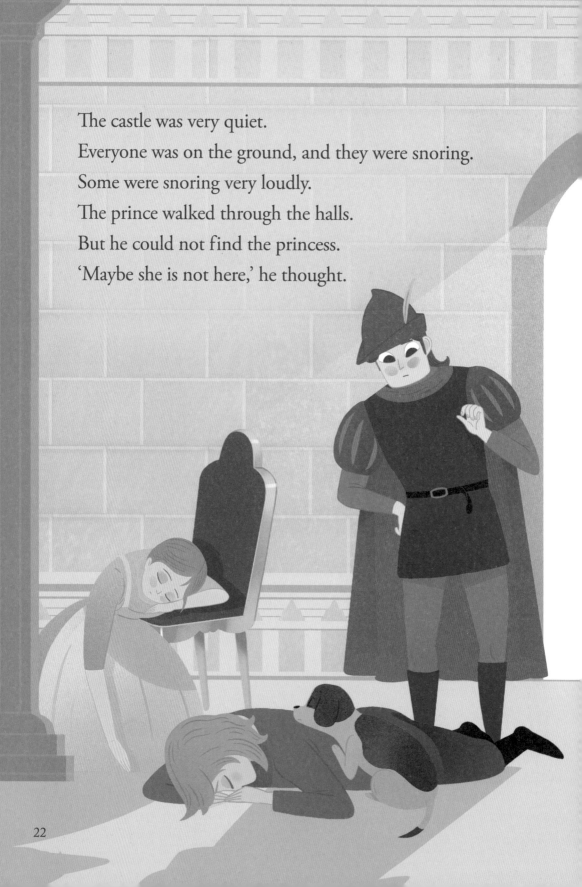

Then, the prince found the old tower.

'I hope the princess is there,' he thought.

He climbed the stairs and entered a room.

Finally, he saw the sleeping princess.

She was very beautiful.

She seemed kind, too.

The prince felt like he knew her.

'I am in love with her,' he thought.

He knelt down in front of the princess.

Suddenly, the princess opened her eyes.

She saw the prince and smiled.

She felt like she knew him, too.

The king and queen also woke up.

One by one, everyone in the castle woke up.

The dogs and horses also woke up.

They were all yawning and stretching.

The curse was gone.

Everyone was hungry.

They had not eaten for a hundred years!

The servants went to the kitchen.

And they got ready for a big feast.

Once the food was all cooked, everyone came.

They ate a lot and celebrated life.

During the feast, the princess and the prince talked.

They shared many stories and laughed.

Eventually, the princess and the prince got married.

They lived together in the castle.

They loved each other very much.

◆ Sleeping Beauty

Once upon a **ti**me, **/** there was a **king**dom **/ far** a**way**.

The **king** and **queen / want**ed a **child**.

They **wish**ed for a **child /** for **many years**.

Finally, **/** their **wish** came **true**.

They **had** a **beau**tiful **/ ba**by **girl**.

They were **so hap**py.

The **king** and **queen** de**ci**ded **/** to **ha**ve a **big feast**.

They **want**ed the **bless**ings **/** of the **fai**ries.

So they in**vi**ted **all** the **fai**ries **/** in the **king**dom.

But they for**got / to** in**vi**te one **fai**ry.

Everyone **smi**led **/** and **laugh**ed **/** at the **feast**.

All the **fai**ries **ca**me **/** near the **ba**by **prin**cess.

They **ga**ve their **gifts /** to her.

"You will be **smart**," **/** said the **first fai**ry.

"You will be **beau**tiful," **/** said the **se**cond **fai**ry.

"You will **dan**ce **well**," **/** said the **third fai**ry.

"Your **voi**ce will be **sweet**," **/** said the **fourth fai**ry.

"Your **heart** will be **full** of **lo**ve," **/** said the **fifth fai**ry.

"You will **al**ways be **hap**py," **/** said the **sixth fai**ry.

"You will be **bra**ve and **strong**," **/** said the **se**venth **fai**ry.

◆ 잠자는 숲속의 공주

옛날 옛날에, 머나먼 곳에 한 왕국이 있었습니다.

왕과 왕비는 아이를 원했습니다.

그들은 여러 해 동안 아이를 간절히 바랐습니다.

마침내, 그들의 소원이 이루어졌습니다.

그들은 아름다운 여자 아기를 낳았어요.

그들은 매우 행복했습니다.

왕과 왕비는 성대한 잔치를 열기로 했습니다.

그들은 요정들의 축복을 원했어요.

그래서 왕국의 모든 요정들을 초대했습니다.

하지만 한 요정을 초대하는 것을 깜빡하고 말았어요.

모두가 잔치에서 웃고 즐거웠어요.

모든 요정들이 아기 공주 곁으로 다가왔습니다.

그들은 공주에게 선물을 주었습니다.

"너는 똑똑해질 거야." 첫 번째 요정이 말했어요.

"너는 아름다워질 거야." 두 번째 요정이 말했습니다.

"너는 춤을 잘 출 거야." 세 번째 요정이 말했어요.

"너의 목소리는 달콤할 거야." 네 번째 요정이 말했습니다.

"너의 마음은 사랑으로 가득할 거야." 다섯 번째 요정이 말했어요.

"너는 언제나 행복할 거야." 여섯 번째 요정이 말했습니다.

"너는 용감하고 강해질 거야." 일곱 번째 요정이 말했어요.

The **king** and **queen** / were **thank**ful for the **bless**ings.
Everyone **had** de**li**cious **food**, / and they were **hap**py.

But **then**, / the unin**vit**ed **fai**ry **ca**me.
She was **very an**gry, / so she **put** a **cur**se on the **ba**by.
"When she **turns** six**teen**, / she will **touch** a **spin**ning wheel.
And she will **die**," / said the **fai**ry.
Then the **fai**ry / flew **out** of the **room**.

Everyone was **shock**ed / and **sca**red.
"I can**not let** my **daugh**ter / **die**.
Please wipe **out** this **curse**," / said the **king**.
One of the **se**ven **fai**ries / **ca**me near the **ba**by.
The **good fai**ry / **said** to the **king**, /
"Do **not wor**ry. / I can **chan**ge the **cur**se / a **li**ttle bit.
The **prin**cess will **not die**. / She will **only sleep** / for**e**ver.
She can **on**ly wake **up** / when a **prin**ce **wa**kes her **up**."

28

왕과 왕비는 축복에 감사했어요.
모두가 맛있는 음식을 먹으며 행복해했습니다.

하지만 그때, 초대받지 못한 요정이 나타났습니다.
그녀는 매우 화가 나서 아기에게 저주를 걸었습니다.
"이 아이가 열여섯 살이 되면, 물레를 만지게 될 것이다.
그리고 죽을 것이다." 그 요정이 말했습니다.
그 후, 요정은 방을 떠나 날아가 버렸습니다.

모두가 충격을 받고 두려워했어요.
"나는 내 딸이 죽도록 내버려둘 수 없소.
부디 이 저주를 없애 주시오." 왕이 말했어요.
일곱 요정 중 한 명이 아기에게 다가왔어요.
그 착한 요정은 왕에게 말했어요.
"걱정 마세요. 제가 이 저주를 조금 바꿀 수 있어요.
공주는 죽지 않을 거예요. 단지 영원히 잠들 거예요.
오직 왕자가 공주를 깨웠을 때만 공주는 일어날 수 있을 거예요."

The **king** and **queen** / were **ho**peful.

They **want**ed to pro**tect** / their **daugh**ter.

The **king** said, / "I do **not want** my **daugh**ter / to **sleep** for**ev**er!

Guards, / **check** **ev**ery **ho**me / in the **coun**try!

Find **ev**ery **spin**ning wheel / and **bring** them **he**re!"

The **guards** / brought **all** the **spin**ning wheels / to the **cas**tle.

They **burn**ed **all** of them / ex**cept one**.

It be**long**ed to a **wo**man / in an **old to**wer.

Nobody / **knew** about that **to**wer / or the **spin**ning wheel.

Years went **by**, / and the **prin**cess grew **up**.

She **turn**ed six**teen**.

The **fair**ies' **bless**ings / **ca**me **true**.

The **prin**cess was **beau**tiful, / **smart**, / and **lo**ving.

Everyone in the **king**dom / **lo**ved her.

왕과 왕비는 희망을 품었습니다.
그들은 딸을 보호하고 싶었어요.
왕이 말했습니다. "나는 내 딸이 영원히 잠들게 하고 싶지 않다!
경비병들, 이 나라에 있는 모든 집을 수색하도록 해라!
모든 물레를 찾아서 여기로 가지고 오너라!"

경비병들은 모든 물레를 성으로 가져왔습니다.
그들은 하나를 제외하고 모두 태웠어요.
그 물레는 오래된 탑에 사는 한 여인의 것이었습니다.
아무도 그 탑과 물레에 대해 알지 못했어요.

세월이 흘러 공주는 자랐습니다.
그녀는 열여섯 살이 되었어요.
요정들의 축복은 이루어졌습니다.
공주는 아름답고 똑똑하며 사랑스러운 아이로 자랐어요.
왕국의 모든 사람들이 공주를 사랑했습니다.

One day, **/** the **prin**cess exp**lo**red the **cas**tle.
And she **saw** **/** an **old to**wer.
'**What** is that p**la**ce?' **/** the **prin**cess was **cu**rious.
She **went** in**si**de the **to**wer **/** and **found** a **room**.
She **o**pened the **door** **/** and saw an **old wo**man.

The **old wo**man was **sit**ting **/** be**si**de a **spin**ning wheel.
The **prin**cess **/** had **never seen** a **spin**ning wheel **/** be**for**e.
"**What** is **that**?" **/** the **prin**cess **ask**ed the **old wo**man.
"It is a **spin**ning wheel, **dear**," **/** said the **old wo**man.
She did **not know** **/** she was **talk**ing to the **prin**cess.

"It is **beau**tiful. **/** I **want** to **use** it," **/** said the **prin**cess.
"**Co**me **sit** in my **chair**," **/** said the **old wo**man **kind**ly.
When the **prin**cess **/** **touch**ed the **wheel**, **/** it **stab**bed her.
"**Ouch**!" **/** she **cri**ed out a**loud**.
"Are you o**kay, dear**?" **/** the **old wo**man asked.

Suddenly, **/** the **prin**cess **/** **felt ve**ry **sleep**y.
She **fell** to the **ground**.
Then **/** she **fell** into a **deep sleep**.
The **cur**se came **true**.

어느 날, 공주는 성을 둘러보았습니다.
그리고 그녀는 오래된 탑 하나를 보았어요.
'저곳은 뭐지?' 공주는 궁금했어요.
공주는 탑 안으로 들어가 방 하나를 발견했습니다.
문을 열자, 한 노파가 있었어요.

노파는 물레 옆에 앉아 있었습니다.
공주는 물레를 본 적이 한 번도 없었어요.
"저게 뭐예요?" 공주가 노파에게 물었습니다.
"이건 물레란다, 얘야." 노파가 말했어요.
노파는 자신이 공주와 말하고 있는 줄 몰랐습니다.

"참 예쁘네요. 저도 한번 써 보고 싶어요." 공주가 말했어요.
"이리 와서 내 의자에 앉으렴." 노파가 친절하게 말했습니다.
공주가 물레를 만진 순간, 공주는 물레에 찔렸습니다.
"아야!" 공주가 큰 소리로 외쳤어요.
"괜찮니, 얘야?" 노파가 물었습니다.

갑자기, 공주는 굉장히 졸렸습니다.
그녀는 땅에 쓰러졌어요.
그리고 그녀는 깊은 잠에 빠졌습니다.
저주가 현실이 되었어요.

The **king heard** about this, **/** and he be**came ve**ry **sad**.

He **look**ed for the **good fai**ry.

The **fai**ry **/ ca**me **quick**ly.

'**E**veryone shall **sleep /** for a **hun**dred **years /** with the **prin**cess.

That way, **/** she will **not** be **lo**nely **/** when she wakes **up**.

Her **fa**mily and **fri**ends **/** will be be**si**de her,' **/** the **fai**ry thought.

Then / the **good fai**ry **cast** a **spell**.

Everyone **else /** in the **cas**tle **/ fell** a**sleep** at the **same time**.

Even the **dogs /** and **hor**ses **/ fell** a**sleep**.

The **cas**tle **/** was **co**vered in **bush**es.

It was **hid**den **/** from the **world**.

A **prin**ce had to **co**me **/** and **break** the **cur**se.

A **hun**dred **years /** went **by**.

No one **/** could **see** the **cas**tle.

In**si**de, **/ e**veryone **/** was **still sleep**ing.

They were **still /** under the **good fai**ry's **spell**.

왕은 이 소식을 듣고 큰 상심에 빠졌습니다.
그는 착한 요정을 찾았습니다.
요정은 재빨리 왔어요.
'성 안의 모든 백성이 공주와 함께 백 년 동안 잠들게 해야겠다.
그러면 공주가 잠에서 깨어났을 때, 외롭지 않겠지.
가족과 친구들이 곁에 있을 테니까.' 요정은 생각했습니다.

그리고 착한 요정은 주문을 외웠어요.
성에 있는 모든 사람들이 동시에 잠이 들었습니다.
심지어 개들과 말들도 잠들었어요.

성은 덤불들로 뒤덮였습니다.
그리고 세상으로부터 감춰졌어요.
왕자가 와서 저주를 풀어야 했습니다.

백 년이 지났습니다.
아무도 성을 볼 수 없었어요.
성 안에서는, 모두가 여전히 잠들어 있었습니다.
그들은 여전히 착한 요정의 주문에 걸려 있었어요.

Reading Training

One day, / a **young prin**ce was **ri**ding a **hor**se / with his **fri**ends.

He was near the **prin**cess's **cas**tle.

"I **heard** / there is a **beau**tiful **prin**cess / near**by**.

But she is **li**ving / in a **hid**den **cas**tle," / said his **fri**end.

The **prin**ce be**came cu**rious.

He **want**ed to **see** / if the **sto**ry was **true**.

"I **want** to **find** / this **cas**tle.

I will **see** / if she is **real**ly **there**," / said the **prin**ce.

The **prin**ce **ask**ed **peo**ple / about the **cas**tle.

Some said / it was **just** a **sto**ry.

"**So**me **prin**ces **tried** / to **find** the **cas**tle," / one **man** told the **prin**ce.

"But they **all fail**ed."

One day, / the **prin**ce **saw** a **thick wall**.

It was **co**vered / with a **lot** of **thorns**.

He **went clo**ser / to the **wall** and **saw** a **cas**tle / be**hind** it.

'I **think** / **that** is the **cas**tle,' / the **prin**ce thought.

He **had** to / **get** through the **thorns**.

The **prin**ce was **bra**ve.

He took **out** his **sword** / to **cut** the **thorns**.

He **thought** about the **prin**cess.

36

어느 날, 한 젊은 왕자가 친구들과 말을 타고 있었습니다.
그는 공주의 성 근처에 있었어요.
"이 근처에 아름다운 공주가 있다고 들었네.
하지만 그녀는 숨겨진 성 안에서 살고 있다고 하더군." 왕자의 친구가 말했습니다.
왕자는 호기심이 생겼어요.
그는 그 이야기가 사실인지 확인하고 싶었습니다.
"나는 그 성을 찾아보고 싶어.
그녀가 정말 거기에 있는지 확인해 보겠어." 왕자가 말했어요.

왕자는 사람들에게 성에 대해 물었습니다.
어떤 사람들은 그것이 그저 이야기일 뿐이라고 말했습니다.
"몇몇 왕자님들이 성을 찾으려고 하셨죠." 한 남자가 왕자에게 말했어요.
"하지만 모두 실패하셨답니다."

어느 날, 왕자는 두꺼운 벽 하나를 보았습니다.
그 벽은 많은 가시덩굴로 뒤덮여 있었어요.
왕자는 벽에 더 가까이 다가갔고 그 뒤에 있는 성을 보았습니다.
'저곳이 바로 그 성인 것 같군.' 왕자는 생각했습니다.
그는 가시덩굴을 뚫고 지나가야 했어요.

왕자는 용감했습니다.
그는 검을 꺼내서 가시들을 베었습니다.
그는 공주를 생각했어요.

Then something magical / happened.

The thorns / started to move.

They made a path for him.

The good fairy / was helping him.

She knew he had true love / in his heart.

The prince / walked through the path.

When he entered the castle, / the thorns / moved back again.

So the prince's friends / could not enter.

'This is strange,' / the prince thought.

'But I must find the princess.'

The castle / was very quiet.

Everyone was on the ground, / and they were snoring.

Some were snoring / very loudly.

The prince / walked through the halls.

But he could not / find the princess.

'Maybe she is not here,' / he thought.

그때 마법 같은 일이 일어났습니다.
가시덩굴들이 움직이기 시작했어요.
그리고 왕자를 위한 길을 만들었습니다.
착한 요정이 그를 돕고 있었거든요.
요정은 왕자의 마음속에 진정한 사랑이 있다는 것을 알았습니다.

왕자는 그 길을 따라 걸어 들어갔습니다.
그가 성 안으로 들어가자, 가시덩굴들이 다시 움직여 길을 막았습니다.
그래서 왕자의 친구들은 들어갈 수 없었습니다.
'이상한 일이군.' 왕자는 생각했습니다.
'하지만 나는 공주를 찾아야 해.'

성은 매우 조용했습니다.
모두가 바닥에 누워, 코를 골고 있었습니다.
몇몇은 매우 크게 코를 골았어요.
왕자는 복도를 따라 걸었습니다.
하지만 그는 공주를 찾을 수 없었어요.
'어쩌면 공주는 여기 없을지도 몰라.' 왕자가 생각했습니다.

Then, **/** the **prin**ce **found** the **old to**wer.

'I **ho**pe the **prin**cess is **there**,' **/** he thought.

He **climb**ed the **stairs** **/** and **en**tered a **room**.

Finally, **/** he **saw** the **sleep**ing **prin**cess.

She was **ve**ry **beau**tiful.

She **seem**ed **kind**, too.

The **prin**ce **felt** like **/** he **knew** her.

'I am in **lo**ve with her,' **/** he thought.

He knelt **down** **/** in **front** of the **prin**cess.

Suddenly, **/** the **prin**cess **o**pened her **eyes**.

She **saw** the **prin**ce **/** and **smi**led.

She **felt** like **/** she **knew** him, too.

The **king** and **queen** **/** **al**so woke **up**.

One by **one**, **/** **e**veryone in the **cas**tle **/** woke **up**.

The **dogs** and **hor**ses **/** **al**so woke **up**.

They were **all yawn**ing **/** and **stretch**ing.

The **cur**se was **go**ne.

그때, 왕자는 오래된 탑을 찾았습니다.
'저곳에 공주가 있기를.' 왕자가 생각했어요.
그는 계단을 올라가서 어떤 방으로 들어갔습니다.
마침내, 왕자는 잠들어 있는 공주를 보았어요.
그녀는 매우 아름다웠습니다.
그녀는 또, 친절해 보였어요.
왕자는 그녀를 알고 있는 듯한 느낌이 들었어요.
'나는 그녀와 사랑에 빠졌어.' 왕자가 생각했습니다.
그는 공주 앞에 무릎을 꿇었어요.

갑자기, 공주가 눈을 떴습니다.
그녀는 왕자를 보고 미소를 지었어요.
그녀 역시 그를 알고 있는 듯한 느낌이 들었어요.
왕과 왕비도 깨어났습니다.
한 명씩, 성에 있는 모든 사람들이 깨어났어요.
개들과 말들도 깨어났습니다.
모두가 하품을 하고 기지개를 켰습니다.
저주가 풀린 거예요.

Everyone / was **hun**gry.

They had **not eat**en / for a **hun**dred **years**!

The **ser**vants / **went** to the **kit**chen.

And they **got rea**dy / for a **big feast**.

Once the **food** was **all cook**ed, / **e**veryone **ca**me.

They **ate** a **lot** / and **ce**lebrated **li**fe.

During the **feast**, / the **prin**cess and the **prin**ce **talk**ed.

They **shar**ed **ma**ny **sto**ries / and **laugh**ed.

Eventually, / the **prin**cess and the **prin**ce / got **mar**ried.

They **li**ved to**ge**ther / in the **cas**tle.

They **lo**ved each **o**ther / **ve**ry **much**.

모두 배가 고팠습니다.
그들은 백 년 동안 아무것도 먹지 않았거든요!
하인들이 주방으로 갔습니다.
그리고 그들은 성대한 만찬을 준비했어요.
음식이 모두 준비되자, 모두 모였습니다.
그들은 푸짐하게 먹고 삶을 축복했어요.

만찬 동안, 공주와 왕자는 이야기를 나누었습니다.
그들은 많은 이야기를 나누며 웃었습니다.

마침내, 공주와 왕자는 결혼했습니다.
그들은 성에서 함께 살았어요.
그들은 서로를 아주 많이 사랑했답니다.

Part 1 ◆ p.8~15

blessings, fairies, princess

uninvited, curse,
spinning wheel

bring, burn, tower

sixteen, curious, stab

sleepy, ground, curse

prince, castle, thorns

find, sleep, kneel

wake up, feast, married

broke   hidden   changed   curse   forgot

Once upon a time, the king and queen wished for a child, and they

finally had a baby girl. They had a big feast and invited all the fairies,

but _____ to invite one. This fairy became angry, and

put a _____ on the princess. She said that when she

turned sixteen, the princess would touch a spinning wheel and die. A

good fairy _____ the curse. Instead of dying, the princess

would fall into a deep sleep until a prince woke her up. When the

princess turned sixteen, she touched a spinning wheel and fell into a

deep sleep. The good fairy made everyone in the castle sleep, too. A

hundred years later, a prince found the _____ castle. He

_____ the curse, and everyone woke up. The prince and

princess got married and lived happily ever after.

Memo

Discussion

1 ◆ The king and queen accidentally forgot to invite one fairy, and their daughter was cursed because of it. They made a simple mistake, but they had to pay too much for it. Have you ever been unfairly blamed or punished for a simple mistake? What do you think is the best way to handle such a situation?

왕과 왕비는 실수로 한 명의 요정을 초대하는 것을 깜빡했고, 그 때문에 그들의 딸이 저주에 걸렸어요. 그들은 실수를 했을 뿐인데, 너무 큰 대가를 치러야 했지요. 여러분도 단순한 실수 때문에 억울하게 혼나거나 벌을 받았던 적이 있나요? 그럴 때는 어떻게 대처하는 것이 좋을까요?

2 ◆ The princess and the prince felt like they had already known each other for a long time when they first met. Have you ever had the experience of meeting someone for the first time but quickly becoming friends? If so, why did they feel so familiar to you? Or, was there a case where you weren't very interested at first, but became close due to a special reason? What kind of friend do you consider a good friend?

공주와 왕자가 처음 만났을 때, 그들은 이미 서로를 오래 알고 있었던 것처럼 느꼈어요. 처음 만난 사람인데 금방 친구가 된 경험이 있나요? 있다면 왜 그렇게 친근하게 느껴졌나요? 아니면 처음에는 별로 관심이 없었는데, 어떤 특별한 계기로 친해진 경우가 있나요? 여러분에게 좋은 친구란 어떤 사람인가요?

낭독하는 명작동화 ⟨ Level 3-6 ⟩
Sleeping Beauty

초판 1쇄 발행 2024년 12월 2일

지은이 새벽달(남수진) 이현석 롱테일 교육 연구소
책임편집 강지희 | **편집** 명채린 백지연 홍하늘
디자인 박새롬 | **그림** 김주연
마케팅 두잉글 사업본부

펴낸이 이수영
펴낸곳 롱테일북스
출판등록 제2015-000191호
주소 04033 서울특별시 마포구 양화로 113, 3층(서교동, 순흥빌딩)
전자메일 team@ltinc.net

이 도서는 대한민국에서 제작되었습니다.
롱테일북스는 롱테일㈜의 출판 브랜드입니다.

ISBN 979-11-93992-30-2 14740

Sleeping Beauty

10

bushes
go by
sleep

새벽달 X 이현석 낭독스쿨

Sleeping Beauty

9

look for
hundred
spell

새벽달 X 이현석 낭독스쿨

Sleeping Beauty

12

thorns
brave
path

새벽달 X 이현석 낭독스쿨

Sleeping Beauty

11

castle
story
fail

새벽달 X 이현석 낭독스쿨

Sleeping Beauty

14

find
enter
kneel

새벽달 X 이현석 낭독스쿨

Sleeping Beauty

13

quiet
ground
snore

새벽달 X 이현석 낭독스쿨

Sleeping Beauty

16

hungry
feast
married

새벽달 X 이현석 낭독스쿨

Sleeping Beauty

15

wake up
yawn
stretch

새벽달 X 이현석 낭독스쿨